LAO TZU
BIOGRAPHY

《老子传记》

中国历史名人传记

QING QING JIANG

江清清

PREFACE

I am excited to welcome you to the Chinese Biography series. In this series, we will discover lives of some of the most famous people from Chinese history. Each book will introduce a famous Chinese personality whose contributions were immense to shape China's future. The books in Biography series contain numerous lessons in Mandarin Chinese. We start with a brief introduction of the book in the preface (前言), a bit detailed introduction to the person, and continue to dig his life and relevant issues. Each book contains 6 to 10 chapters made of simple Chinese sentences. For the readers' convenience, a comprehensive vocabulary has been provided at the beginning of each chapter. The pinyin for the Chinese text is provided after the main text. Further, to enforce a deeper Chinese learning, the English interpretation of the Chinese text has been purposely excluded from the books. This would help the readers think deeply about the contents the way native Chinese do! In order to help the students of Mandarin Chinese remember important characters, words, long words, idioms, etc., these entities have been purposely repeated throughout the book, and across the books in the series. Taken together, the books in Biography series will tremendously help readers improve their Chinese reading skills.

If you have any questions, suggestions, and feedbacks, feel free to let me know in the review or comments.

You can find more about China and Chinese culture on my blog and Amazon homepage.

I blog at:

www.QuoraChinese.com

-Qing Qing

江清清

©2023 Qing Qing Jiang

All rights reserved.

MOST FAMOUS & TOP INFLUENTIAL PEOPLE IN CHINESE HISTORY

SELF-LEARN READING

MANDARIN CHINESE, VOCABULARY, EASY SENTENCES, HSK ALL LEVELS

(PINYIN, SIMPLIFIED CHARACTERS)

ACKNOWLEDGMENTS

I am a blogger. It has been a long and interesting journey since I started blogging quite a few years ago.

The blogging passion enabled me to write useful contents. In particular, I have been writing about China, and its culture.

My passion in writing was supported by my friends, colleagues, and most importantly, the almighty.

I thank everyone for constantly inspiring me in my life endeavours.

CONTENTS

PREFACE 2
ACKNOWLEDGMENTS 4
CONTENTS 5
LIFE (人物生平) 8
WHO IS LAO TZU? (老子是谁？) 14
OTHERS' EVALUATION OF LAO TZU (关于他人对老子的评价) 19
DAO DE JING AND TAOISM (《道德经》和道教) 22
LAO TZU AND CONFUCIUS (老子和孔子) 25
WHAT IS TAOISM? (什么是道教？) 28
TAOISM AND ITS DOCTRINES (关于道教及其教义) 31
TAOISM AND CONFUCIANISM (道家与儒家) 37
DEFINING "TAOISM" ("道教 "的定义) 43

前言

老子简介：

* 闻名于世的原因：道教的创始人

* 昵称：老夫子

* 生于：公元前6世纪，在中国楚国的楚简

* 死于：公元前6世纪，在中国秦国（不确定）

* 发表的作品：《道德经》

* 主要成就：中国神话或历史人物，是道教的创始人和《道德经》的作者。

老子，是中国的一位传奇和历史人物，被认为是道教的创始人。道德经》是道教最神圣的文本，据信是老子所写。 许多历史学家认为老子是一个神话人物，而不是一个历史人物，他们的定义都存在受到广泛争议，因为即使是他名字的直译（老子，意思是老的学者）也表明是一个神而不是一个人。 无论历史上对老子存在的看法如何，老子和《道德经》帮助塑造了现代中国，对中国及其文化习俗产生了持久的影响。

Lǎozi jiǎnjiè:

* Wénmíng yú shì de yuányīn: Dàojiào de chuàngshǐ rén

* nìchēng: Lǎofūzi

* shēng yú: Gōngyuán qián 6 shìjì, zài zhōngguó chǔ guó de chǔ jiǎn

* sǐ yú: Gōngyuán qián 6 shìjì, zài zhōngguó qín guó (bù quèdìng)

* fābiǎo de zuòpǐn:"Dàodé jīng"

* zhǔyào chéngjiù: Zhōngguó shénhuà huò lìshǐ rénwù, shì dàojiào de chuàngshǐ rén hé "dàodé jīng" de zuòzhě.

Lǎozi, shì zhōngguó de yī wèi chuánqí hé lìshǐ rénwù, bèi rènwéi shì dàojiào de chuàngshǐ rén. Dàodé jīng" shì dàojiào zuì shénshèng de wénběn, jù xìn shì lǎozi suǒ xiě. Xǔduō lìshǐ xué jiā rènwéi lǎozi shì yīgè shénhuà rénwù, ér bùshì yīgè lìshǐ rénwù, tāmen de dìngyì dōu cúnzài shòudào guǎngfàn zhēngyì, yīnwèi jíshǐ shì tā míngzì de zhíyì (lǎozi, yìsi shì lǎo de xuézhě) yě biǎomíng shì yīgè shén ér bùshì yīgè rén. Wúlùn lìshǐ shàng duì lǎozi cúnzài de kànfǎ rúhé, lǎozi hé "dàodé jīng" bāngzhù sùzàole xiàndài zhōngguó, duì zhōngguó jí qí wénhuà xísú chǎnshēngle chíjiǔ de yǐngxiǎng.

LIFE (人物生平)

Lao Zi (老子, ~571 BC-470 BC), real name Li Er (李耳) and also known as Lao Tzu or Lao Tze, was an ancient Chinese thinker, philosopher, writer, historian, and the founder of Taoism (道教). Later, as the founder of Taoism, he was honored and called Lord Lao Tzu (太上老君).

Collectively, Zhuang Zi (庄子, 369 BC-286 BC) -- a thinker, philosopher, and writer-- and Lao Zi are also called as Lao Zhuang (老庄).

Lao Tzu was born in the late Spring and Autumn Period (春秋末期). His exact year of birth and death as well as the place of birth are unknown. Records of the Grand Historian 《史记》 suggest that Lao Tzu was born either in the State of Chu (楚国, ? ~223 BC), or in the State of Chen (陈国, 1046 BC-478 BC).

Lao Tzu was well-read, and was famous for his wide range of knowledge. He spent a long portion of his life in the Zhou (周朝, 1046 BC-256 BC).

Lao Tzu once served as the historian (守藏史) in the Zhou Dynasty. Specifically, it was the year 551 BC, during the reign of King Ling of Zhou (周灵王, ?-545 BC), when Lao Tzu joined the Zhou imperial court as the record keeper of the history, an official in charge of the collection of books, maintaining historical records, historical events, etc. Lao Tzu worked and lived for a long in Luoyi (洛邑/洛阳, Luoyang), the capital of Zhou. Hence, his life and theories were closely related to Luoyang.

At the end of the Spring and Autumn Period, the political situation of ancient China was in a great chaos due to the competition among the vassals. After Lao Tzu had lived in Zhou for a long time, and when he saw Zhou's decline, he felt it'd be better to go away.

As the legends had it, in 517 BC, a civil strife broke out in the Zhou royal family, and the Prince Chao (王子朝, ?-505 BC) led an army to capture his father, King Jing of Zhou (周敬王, ?-?) who reigned from 520 BC to 476 BC (disputed). King Jing of Zhou was in a critical situation. At that time, the vassal state of Jin (晋) was very powerful. The king of Jin sent troops to support the King Jing of Zhou. Prince Chao couldn't resist, so he took many classics, and along with his loyal men, fled to the state of Chu. Lao Tzu was the chief historian of Zhou, so he was implicated and was forced to resign from his post. When Lao Tzu saw that the Zhou royal family was too decadent, he planned to leave the capital of Zhou and live in seclusion (隐居).

Lao Tzu was so sad that he himself wanted to give up his official position and go back to seclusion. Finally, Lao Tzu found a black ox (青牛) and went to the west. When he arrived at the Hangu Pass (函谷关), a strategic ancient pass in Lingbao, Henan Province (河南省灵宝市), he met Yin Xi (尹喜/关尹子), the gatekeeper of Hangu Pass.

On this day, before Yin Xi met Lao Tzu, he was standing near the pass and suddenly saw a purple cloud drifting from the east. Yin Xi was also quite knowledgeable. He was very excited as he felt that that the sign of purple cloud coming from the east indicated that a saint was coming. Looking at Lao Tzu's situation, Yin Xi couldn't help thinking: "Lao Tzu is going away and may leave the world soon. If we say goodbye today, I don't know if we can meet again in the future." So Yin Xi welcomed Lao Tzu near the Hangu Pass and asked him to write down his vast knowledge in the form of a treatise.

According to the Historical Records, at the pass, Yin Xi requested him: "You're going into seclusion, you must write a book for me. Otherwise, you would not be allowed to leave the pass."

子将隐矣, 彊为我著书。

This means that when Lao Tzu reached the Hangu Pass, he was strongly requested by Yin Xi to write his ideas. Yin Xi hoped that Lao Tzu would leave his ideological achievements for future generations before going into seclusion.

Although Lao Tzu was a little reluctant, he could not cross the Hangu Pass without writing, and writing was the only way to go to Qin, located next to the pass. For the sake of freedom, Lao Tzu reluctantly picked up the pen. So, Lao Tzu wrote the Dao De Jing 《道德经》, the classic of the virtue of the Tao. Lao Tzu left about five thousand words at Hangu Pass. Later, it became one of the most widely published works in the world.

Although not much is known about Lao Tzu's family, in the book "Sage Lao Tzu" 《圣哲老子》, Lao Tzu's wife was named "Xi" (希). However, the real name of Lao Tzu's wife has not been verified, and whether Lao Tzu had any children is not recorded in the historical books.

Some scholars argue that Lao Tzu lived a long life, passing away at the age of more than 160.

Because Lao Tzu lived about 2500 years ago, we have no way to verify his life, birth and other deeds. Lao Tzu is like a legend, which paradoxically exists in Chinese history, and his existence has been passed down by orally by the Chinese people

Lao Tzu's thought has a profound impact on the development of Chinese philosophy. Its ideological core is simple dialectics (辩证法), a philosophical doctrine of universal connection and development. It advocates governing by doing nothing that goes against the nature (无为而治) and to lead by example, such as to educate people with one's own character (不言之教). Taoism suggests that once a certain threshold limit is reached, a change in the opposite direction is inevitable (物极必反). Humility, as the supreme virtue, is integral to Taoism as it advocates "open mind and solid abdomen" (虚心实腹), meaning "let it go with the flow".

During the Tang Dynasty (唐朝), Lao Tzu was posthumously regarded as the first ancestor of the surname Li (李).

In order to commemorate Lao Tzu, a great philosopher and thinker in ancient China, Luoyang City has built the Lao Tzu Memorial Hall (洛阳老子纪念馆), which is a national key cultural relic.

Did Lao Tzu and Confucius meet? Where did Lao Tzu and Confucius meet?

Lao Tzu was contemporary of Confucius (孔子, 551 BC-479). Confucius met with Lao Tzu three times in his life. In fact, two times he went to visit Lao Tzu on purpose. During one of these two times, Confucius once went to Zhou and asked his advice to shape the Confucianist philosophy.

When Confucius was in his teens, he met Lao Tzu in Lu State (鲁国). This was their first meeting.

When Confucius first visited Lao Tzu in Zhou capital (Luoyang), it was when Lao Tzu was in charge of the history. At that time, Lao Tzu had already gained knowledge of many precious books of the history, and his philosophical ideas (that eventually became the foundation of Taoism), were well-known. Meanwhile, Confucius was promoting the theory of benevolence and righteousness (仁义学说). Confucius was already a famous sage in the state of Lu. Although he had a lot of reputation, he felt that his theory had not progressed, and he always felt that something was missing, so he wanted to go Zhou to read the classics, and meet Lao Tzu. Confucius and Lao Tzu met in the capital of Zhou (周都). This was the second time Confucius and Lao Tzu met. Also, this was the first time Confucius went to visit Lao Tzu in person. Lao Tzu received Confucius warmly and they shared philosophical ideas with each other. Confucius gained a lot of unique insights. Later, Confucius decided to stay in Zhou longer, and spent about three months. During this time, he read all the books on etiquette (礼). His theory of benevolence and righteousness was well perfected, laying a firm foundation for the promotion of Confucianism in the future. The visit can be said to have benefited him a lot. Later, Confucius returned to the State of Lu and continued to implement his theory of benevolence and righteousness.

After a few years, Confucius was already in his fifties, and Lao Tzu had resigned and left the capital. Confucius' was going through a very unsatisfactory phase of promoting his ideas, so after hearing about Lao Tzu's seclusion, he deliberately brought his disciples to seek advice from Lao Tzu.

In a small place in the state of Wei (卫国), Confucius met Lao Tzu again. Confucius told Lao Tzu about his struggle. Confucius said that he had been promoting the doctrine of benevolence and righteousness in Lu for so many years, but he had not been able to convince the vassals. The vassals had been reluctant to accept the Confucianism. Lao Tzu gave him a lot of realistic ideas, let him look at his approach with critical thinking, and let him question his own theories. Lao Tzu pointed that Confucius' thinking was not very consistent, which was the reason behind his struggle. Confucius and Lao Tzu got along for a while; his mind became enlightened, so Confucius regained confidence in his theory of benevolence and righteousness.

As a matter of fact, the reason why Confucius visited Lao Tzu twice was because of his confusion. After all, Lao Tzu was a person who had been enlightened all his life. His Taoist thoughts covered numerous aspects of life. That's why he was able to guide Confucius, so that Confucius could have a more in-depth understanding and acquire the ability to perfect the doctrine of benevolence and righteousness. Later, Confucianism made the rule of vassals more stable. Eventually, Confucianism became the most important philosophical doctrine in Chinese history.

WHO IS LAO TZU? (老子是谁？)

1	老子	Lǎozi	Lao zi
2	老夫子	Lǎofūzi	Tutor in a private school; unpractical scholar
3	据说	Jùshuō	It is said; they say; allegedly
4	生于	Shēng yú	Be born on/in (day, year, etc.)
5	公元前	Gōngyuán qián	BC (Before Christ); BCE (Before the Common Era)
6	死于	Sǐ yú	Die by; die of; die from; succumb to
7	公元	Gōngyuán	The Christian era
8	有些	Yǒuxiē	Some
9	记载	Jìzǎi	Put down in writing; record
10	接近于	Jiējìn yú	Close to; approach to
11	孔子	Kǒngzǐ	Confucius
12	同时代	Tóngshí dài	Coeval; contemporaneous
13	末期	Mòqí	Last phase; final phase; last stage
14	周朝	Zhōu cháo	Zhou Dynasty (1045 BC-221 BC)
15	传记	Zhuànjì	Biography
16	司马迁	Sīmǎqiān	Sima Qian (163 BC -85 BC), a pioneering historian; author of Shi Ji (Historical Records, 史记)
17	史记	Shǐjì	Historical Records, by Sima Qian
18	受孕	Shòuyùn	Fertilization
19	说法	Shuōfǎ	Wording; formulation
20	坠落	Zhuìluò	Fall; drop
21	星星	Xīngxīng	Tiny spot; star
22	度过	Dùguò	Spend; pass

23	胡须	Húxū	Beard; moustache; bomb; whiskers
24	成年人	Chéngnián rén	Adult; grown-up; major
25	象征	Xiàngzhēng	Symbolize; signify; stand for; symbol
26	名士	Míngshì	A person with a literary reputation; a celebrity with no official post
27	皇帝	Huángdì	Emperor
28	历史学家	Lìshǐ xué jiā	Historian; historiographer
29	天文学	Tiānwénxué	Astronomy
30	占星术	Zhānxīng shù	Astrology
31	占卜	Zhānbǔ	Divination; divine
32	圣典	Shèng diǎn	Canonical books
33	幼时	Yòu shí	Childhood; infancy
34	战胜	Zhànshèng	Defeat; triumph over; vanquish; overcome
35	他们的	Tāmen de	Their; theirs
36	尸体	Shītǐ	Corpse; dead body; remains; cadaver
37	留给	Liú gěi	Reserve for
38	自然界	Zìránjiè	Natural world; nature; outdoors
39	吞噬	Tūnshì	Swallow; gobble up; engulf; devour
40	不尊重	Bù zūnzhòng	Disrespect; disregard; disrespectful
41	死者	Sǐzhě	Defunct; the dead; the deceased; the departed
42	哀悼	Āidào	Grieve over somebody's death; lament somebody's death
43	最后阶段	Zuìhòu jiēduàn	Finish
44	天命	Tiānmìng	God's will; the mandate of heaven; destiny; fate

45	王朝	Wángcháo	Imperial court; royal court
46	陷入	Xiànrù	Sink into; fall into; land oneself in; be caught in
47	混乱	Hǔnluàn	Chaos; confusion
48	心灰意冷	Xīn huī yì lěng	Downhearted; dispirited
49	向西	Xiàng xī	Westwards; West
50	走向	Zǒuxiàng	Run; trend; alignment; move towards
51	被发现	Pī fà xiàn	Be discovered; be found; come to light
52	领土	Lǐngtǔ	Territory
53	仙姑	Xiāngū	Female immortal; female celestial
54	认出	Rèn chū	Recognize; identify; make out
55	文字	Wénzì	Characters; script; writing; written language
56	道德经	Dàodé jīng	Dao De Jing: The Classic of the Virtue of the Tao (by the ancient philosopher Lao Zi)
57	道教	Dào jiào	Taoism
58	学说	Xué shuō	Theory; doctrine

Chinese (中文)

老子，或称 "老夫子"，据说生于公元前 6 世纪，死于公元前 6 世纪的某个时候，尽管有些历史记载认为他在中国的时间更接近于公元前 4 世纪。最普遍接受的记录表明，老子是孔子的同时代人，这将使他在中国的前帝国时代末期的周朝。关于他的生活的最常见的传记记录在司马迁的《史记》中，据说是在公元前 100 年左右写的。

围绕老子的生活之谜从他的受孕开始。传统的说法是，老子的母亲注视着一颗坠落的星星，结果，老子受孕了。他在母亲的子宫中度过了 80 年，然后变成了一个长着灰色胡须的成年人，这在中国古代是智慧的象征。他出生在楚国的楚简村。

老子在周朝时成为一名士，即皇帝的档案员和历史学家。作为一名士，老子应该是天文学、占星术和占卜方面的权威，同时也是圣典的保存者。一些传记中说老子从未结婚，而另一些传记则说他结婚后有一个儿子，在儿子年幼时与他分开。这个儿子叫宗，成为一名著名的士兵，他战胜了敌人，并把他们的尸体留给动物和自然界吞噬。老子在中国各地旅行时显然遇到了宗，他对儿子对待尸体和不尊重死者的行为感到失望。他表明自己是宗的父亲，并向他展示了尊重和哀悼的方式，即使是在胜利的时候。

老子在生命的最后阶段，看到周朝已经失去了天命，王朝正在陷入混乱。老子心灰意冷，向西走去，走向未被发现的领土。当他到达仙姑关时，守关的尹喜认出了老子。尹喜不给老子智慧就不让他通过，于是老子把他知道的东西写下来。这段文字成为《道德经》，或道教的中心学说。

Pinyin (拼音)

Lǎozi, huò chēng"lǎofūzi", jùshuō shēng yú gōngyuán qián 6 shìjì, sǐ yú gōngyuán qián 6 shìjì de mǒu gè shíhòu, jǐnguǎn yǒuxiē lìshǐjìzǎi rènwéi tā zài zhōngguó de shíjiān gèng jiējìn yú gōngyuán qián 4 shìjì. Zuì pǔbiàn jiēshòu de jìlù biǎomíng, lǎozi shì kǒngzǐ de tóngshídài rén, zhè jiāng shǐ tā zài zhōngguó de qián dìguó shí dài mòqí de zhōu cháo. Guānyú tā de shēnghuó de zuì chángjiàn de zhuànjì jìlù zài sīmǎqiān de "shǐ jì" zhōng, jùshuō shì zài gōngyuán qián 100 nián zuǒyòu xiě de.

Wéirào lǎozi de shēnghuó zhī mí cóng tā de shòuyùn kāishǐ. Chuántǒng de shuōfǎ shì, lǎozi de mǔqīn zhùshìzhe yī kē zhuìluò de xīngxīng, jiéguǒ, lǎozi shòuyùnle. Tā zài mǔqīn de zǐgōng zhōng dùguòle 80 nián, ránhòu biàn chéngle yīgè zhǎngzhe huīsè húxū de chéngnián rén, zhè zài zhōngguó gǔdài shì zhìhuì de xiàngzhēng. Tā chūshēng zài chǔ guó de chǔ jiǎn cūn.

Lǎozi zài zhōucháoshí chéngwéi yī míngshì, jí huángdì de dǎng'àn yuán hé lìshǐ xué jiā. Zuòwéi yī míngshì, lǎozi yīnggāi shì tiānwénxué, zhānxīng shù hé zhānbǔ fāngmiàn de quánwēi, tóngshí yěshì shèng diǎn de bǎocún zhě. Yīxiē zhuànjì zhōng shuō lǎozi cóng wèi jiéhūn, ér lìng yīxiē zhuànjì zé shuō tā jiéhūn hòu yǒu yīgè er zi, zài érzi nián yòu shí yǔ tā fēnkāi. Zhège érzi jiào zōng, chéngwéi yī míng zhùmíng dí shìbīng, tā zhànshèngle dírén, bìng bǎ tāmen de shītǐ liú gěi dòngwù hé zìránjiè tūnshì. Lǎozi zài zhōngguó gèdì lǚxíng shí xiǎnrán yù dàole zōng, tā duì er zi duìdài shītǐ hé bù zūnzhòng sǐzhě de xíngwéi gǎndào shīwàng. Tā biǎomíng zìjǐ shì zōng de fùqīn, bìng xiàng tā zhǎnshìle zūnzhòng hé āidào de fāngshì, jíshǐ shì zài shènglì de shíhòu.

Lǎozi zài shēngmìng de zuìhòu jiēduàn, kàn dào zhōu cháo yǐjīng shīqùle tiānmìng, wángcháo zhèngzài xiànrù hǔnluàn. Lǎozi xīn huī yì lěng, xiàng xī zǒu qù, zǒuxiàng wèi pī fà xiàn de lǐngtǔ. Dāng tā dàodá xiāngū guān shí, shǒu guān de yǐn xǐ rèn chūle lǎozi. Yǐn xǐ bù gěi lǎozi zhìhuì jiù bù ràng tā tōngguò, yúshì lǎozi bǎ tā zhīdào de dōngxī xiě xiàlái. Zhè duàn wénzì chéngwéi "dàodé jīng", huò dàojiào de zhōngxīn xuéshuō.

OTHERS' EVALUATION OF LAO TZU (关于他人对老子的评价)

1	西天	Xītiān	Western Heaven; ancient Chinese Buddhists' name for India; Western Paradise
2	取经	Qǔjīng	Go on a pilgrimage to bring Buddhist scriptures
3	大门	Dàmén	Entrance door; front door; gate
4	传记	Zhuànjì	Biography
5	西行	Xīxíng	Progress toward the west
6	印度	Yìndù	India; Indian
7	在那里	Zài nàlǐ	There; over there
8	本人	Běnrén	Self; I; oneself
9	来往	Láiwǎng	Come and go; dealings; contact; intercourse
10	世界各地	Shìjiè gèdì	All over the world; the four corners of the earth
11	讲授	Jiǎngshòu	Lecture; instruct; teach; give a lecture
12	道教	Dàojiào	Taoism
13	隐居	Yǐnjū	Live in seclusion; be a hermit
14	神秘性	Shénmì xìng	Mysterious; mystical
15	抛开	Pāo kāi	Ditching; throw off; drift away; cast aside
16	物质世界	Wùzhí shìjiè	Material or physical world/universe
17	后来	Hòulái	Afterwards; later; then
18	记载	Jìzǎi	Put down in writing; record

19	驳斥	Bóchì	Refute; denounce; disprove
20	神话	Shénhuà	Mythology; myth; fairy tale
21	强大	Qiángdà	Big and powerful; powerful; formidable
22	持久	Chíjiǔ	Lasting; enduring; durable; persistent
23	人物	Rénwù	Figure; personage; person in literature; character
24	而不是	Ér bùshì	But not; instead of; rather than; other than
25	尊敬	Zūnjìng	Respect; honor; esteem
26	保存	Bǎocún	Preserve; keep; conserve; hold
27	书面	Shūmiàn	Written; in written form; in writing
28	孔子	Kǒngzǐ	Confucius
29	明证	Míngzhèng	Token; clear proof; evidence; a case in point
30	很少	Hěn shǎo	Very less; little
31	从未	Cóng wèi	Never
32	地球	Dìqiú	The earth; the globe
33	上行	Shàng xíng	Up; upriver; upstream
34	走过	Zǒu guò	Pass by

Chinese (中文)

司马迁对老子生活的传统描述说，他在通过西天取经的大门后就再也没有出现过。其他传记说他西行到了印度，在那里遇到了佛祖并对其进行了教育，而其他传记则表示老子本人成了佛。一些历史学家甚至认为，老子多次来往于世界各地，讲授道教知识，聚集信徒。司马迁把老子的生活和他的隐居背后的神秘性解释为故意抛开物质世界，寻求安静的生活、简单的存在和内心的平静。

后来的历史记载驳斥了老子的存在，将他视为一个神话，尽管是一个强大的神话。虽然他的影响是巨大而持久的，但他更多地是作为一个神话人物而不是一个历史人物受到尊敬。中国的历史被保存在大量的书面记录中，关于孔子生活的信息就是明证，但对老子的了解却很少，这表明他从未在地球上行走过。

Pinyin (拼音)

Sīmǎqiān duì lǎo zǐ shēnghuó de chuántǒng miáoshù shuō, tā zài tōngguò xītiān qǔjīng de dàmén hòu jiù zài yě méiyǒu chūxiànguò. Qítā zhuànjì shuō tā xīxíng dàole yìndù, zài nàlǐ yù dàole fózǔ bìng duì qí jìnxíngle jiàoyù, ér qítā zhuànjì zé biǎoshì lǎozi běnrén chéngle fú. Yīxiē lìshǐ xué jiā shi zhì rènwéi, lǎozi duō cì láiwǎng yú shìjiè gèdì, jiǎngshòudàojiào zhīshì, jùjí xìntú. Sīmǎqiān bǎ lǎozi de shēnghuó hé tā de yǐnjū bèihòu de shénmì xìng jiěshì wèi gùyì pāo kāi wùzhí shìjiè, xúnqiú ānjìng de shēnghuó, jiǎndān de cúnzài hé nèixīn de píngjìng.

Hòulái de lìshǐ jìzǎi bóchìle lǎozi de cúnzài, jiāng tā shì wéi yīgè shénhuà, jǐnguǎn shì yīgè qiángdà de shénhuà. Suīrán tā de yǐngxiǎng shì jùdà ér chíjiǔ de, dàn tā gèng duō de shì zuòwéi yīgè shénhuà rénwù ér bùshì yīgè lìshǐ rénwù shòu dào zūnjìng. Zhōngguó de lìshǐ bèi bǎocún zài dàliàng de shūmiàn jìlù zhōng, guānyú kǒngzǐ shēnghuó de xìnxī jiùshì míngzhèng, dàn duì lǎozi de liǎojiě què hěn shǎo, zhè biǎomíng tā cóng wèi zài dìqiú shàng xíngzǒuguò.

DAO DE JING AND TAOISM (《道德经》和道教)

1	道教	Dàojiào	Taoism
2	宇宙	Yǔzhòu	Universe; cosmos
3	包含	Bāohán	Contain; embody; include
4	一切	Yīqiè	All; every
5	遵循	Zūnxún	Follow; abide by; adhere to
6	和谐	Héxié	Harmonious; melodious; tuneful
7	善良	Shànliáng	Good and honest; kindhearted
8	完整	Wánzhěng	Complete; integrated; intact; whole
9	流动	Liúdòng	Flow; run; circulate; going from place to place
10	被称为	Bèi chēng wèi	Known as; be known as; be called
11	概述	Gàishù	Summary; survey; sketch
12	领导人	Lǐngdǎo rén	Leader
13	治理	Zhìlǐ	Administer; govern; run; manage
14	道德	Dàodé	Morals; morality; ethics
15	反复强调	Fǎnfù qiángdiào	Repeatedly stress
16	仁爱	Rén'ài	Kindheartedness
17	尊重	Zūnzhòng	Respect; value; esteem; make much of
18	重要性	Zhòngyào xìng	Importance; significance
19	段落	Duànluò	Paragraph; section
20	经常	Jīngcháng	Often; everyday; daily; constantly
21	象征主义	Xiàngzhēng zhǔyì	Symbolism

22	例如	Lìrú	For instance; for example; such as
23	世界上	Shìjiè shàng	On earth
24	攻击	Gōngjí	Attack; assault; launch an offensive
25	坚硬	Jiānyìng	Hard; solid; stiffness;
26	如此	Rúcǐ	So; such; in this way; like that
27	人人	Rén rén	Everybody; everyone
28	以弱胜强	Yǐ ruò shèng qiáng	The weak overcame the strong; defeat of the strong by the weaker opponent
29	在实践中	Zài shíjiàn zhōng	In practice; in effect
30	贯彻执行	Guànchè zhíxíng	Carry out
31	历史上	Lìshǐ shàng	Historically; in history
32	最多	Zuìduō	At most; maximum
33	作品	Zuòpǐn	Works; opus
34	中国文化	Zhōngguó wénhuà	Chinese Culture; Culture China; China culture
35	中华	Zhōnghuá	China
36	帝国	Dìguó	Empire
37	宗教	Zōngjiào	Religion
38	色彩	Sècǎi	Color; hue; tint
39	塑造	Sùzào	Model
40	崇拜	Chóngbài	Worship; adore; idolize
41	教义	Jiàoyì	Religious doctrine; creed

Chinese (中文)

道教认为，宇宙和它所包含的一切都遵循一种和谐，不受人类的影响，而这种和谐是由善良、完整和简单组成的。这种和谐的流动被称为"道"，或"道"。在构成《道德经》的81首诗中，老子概述了个人生活以及领导人和治理方式的道。

《道德经》反复强调了仁爱和尊重的重要性。一些段落经常使用象征主义来解释自然和谐的存在。例如：世界上没有任何东西比水更软或更弱，然而对于攻击坚硬的东西，没有任何东西能有如此效果。人人都知道以柔克刚，以弱胜强，但很少有人能在实践中贯彻执行。

老子，《道德经》作为历史上被翻译得最多的作品之一，《道德经》对中国文化和社会产生了强烈而巨大的影响。在中华帝国时期，道教具有强烈的宗教色彩，《道德经》成为个人塑造其崇拜行为的教义。

Pinyin (拼音)

Dàojiào rènwéi, yǔzhòu hé tā suǒ bāohán de yīqiè dōu zūnxún yī zhǒng héxié, bù shòu rénlèi de yǐngxiǎng, ér zhè zhǒng héxié shì yóu shànliáng, wánzhěng hé jiǎndān zǔchéng de. Zhè zhǒng héxié de liúdòng bèi chēng wèi"dào", huò"dào". Zài gòuchéng "dàodé jīng" de 81 shǒu shī zhōng, lǎozi gàishùle gèrén shēnghuó yǐjí lǐngdǎo rén hé zhìlǐ fāngshì de dào.

"Dàodé jīng" fǎnfù qiángdiàole rén'ài hé zūnzhòng de zhòngyào xìng. Yīxiē duànluò jīngcháng shǐyòng xiàngzhēng zhǔyì lái jiěshì zìrán héxié de cúnzài. Lìrú: Shìjiè shàng méiyǒu rènhé dōngxī bǐ shuǐ gèng ruǎn huò gèng ruò, rán'ér duìyú gōngjí jiānyìng de dōngxī, méiyǒu rènhé dōngxī néng yǒu rúcǐ xiàoguǒ. Rén rén dōu zhīdào yǐróukègāng, yǐ ruò shèng qiáng, dàn hěn shǎo yǒurén néng zài shíjiàn zhōng guànchè zhíxíng.

Lǎozi,"dàodé jīng" zuòwéi lìshǐ shàng bèi fānyì dé zuìduō de zuòpǐn zhī yī,"dàodé jīng" duì zhōngguó wénhuà hé shèhuì chǎnshēngle qiángliè ér jùdà de yǐngxiǎng. Zài zhōnghuá dìguó shíqí, dàojiào jùyǒu qiángliè de zōngjiào sècǎi,"dàodé jīng" chéngwéi gèrén sùzào qí chóngbài xíngwéi de jiàoyì.

LAO TZU AND CONFUCIUS (老子和孔子)

1	不详	Bùxiáng	Not quite clear
2	孔子	Kǒngzǐ	Confucius
3	同时代	Tóngshí dài	Coeval; contemporaneous
4	说法	Shuōfǎ	A way of saying a thing
5	一个人	Yīgè rén	One
6	要么	Yàome	Or; either … or
7	相遇	Xiāngyù	Approach; encounter; rendezvous; meet
8	去找	Qù zhǎo	Go for; look for; to call for
9	礼节	Lǐjié	Courtesy; etiquette; protocol
10	回到家	Huí dàojiā	Get home; go back home; get in
11	一条龙	Yītiáo lóng	Conglomeration one continuous line; a connected sequence; a coordinated process
12	飞翔	Fēixiáng	Flight; circle in the air; hover
13	另一个	Lìng yīgè	Another
14	野心	Yěxīn	Wild ambition
15	不明白	Bù míngbái	To not clearly understand; don't get it
16	儒家 t	Rújiā t	The Confucian school
17	道家	Dàojiā	Taoist school; Taoists
18	中国文化	Zhōngguó wénhuà	Chinese Culture
19	支柱	Zhīzhù	Pillar; support; prop; mainstay
20	儒家思想	Rújiā sīxiǎng	Confucianism
21	仪式	Yíshì	Ceremony; rite; function

22	典礼	Diǎnlǐ	Ceremony; celebration
23	轮廓	Lúnkuò	Outline; line; lineament; contour profile
24	相比之下	Xiāng bǐ zhī xià	By comparison; in contrast; by contrast; in comparison
25	道教	Dàojiào	Taoism
26	灵性	Língxìng	Intelligence
27	特别是	Tèbié shì	Particular; special
28	帝国	Dìguó	Empire
29	宗教	Zōngjiào	Religion
30	儒家	Rújiā	The Confucian school

Chinese (中文)

尽管老子的出生和死亡日期不详，但人们认为他是孔子的同时代人。根据一些说法，这两个历史人物实际上是同一个人。根据司马迁的说法，这两个人物要么是相遇，要么是相互讨论过几次。有一次，孔子去找老子，询问有关礼节的问题。他回到家后沉默了三天，然后向他的学生们宣布，老子是一条龙，在云中飞翔。在另一个场合，老子宣称孔子被他的骄傲和野心限制住了。据老子说，孔子不明白生与死是平等的。

儒家和道家都成为中国文化和宗教的支柱，尽管方式不同。儒家思想，包括它的礼节、仪式、典礼和规定的等级制度，成为中国社会的轮廓或实体建设。相比之下，道教强调自然和存在中的灵性、和谐和二元性，特别是在帝国时代，它逐渐包含了更多的宗教内容。儒家和道家都对中国文化以及亚洲大陆的许多社会保持着影响。

Pinyin (拼音)

Jǐnguǎn lǎozi de chūshēng hé sǐwáng rìqí bùxiáng, dàn rénmen rènwéi tā shì kǒngzǐ de tóngshídài rén. Gēnjù yīxiē shuōfǎ, zhè liǎng gè lìshǐ rénwù shíjì shang shì tóngyīgèrén. Gēnjù sīmǎqiān de shuōfǎ, zhè liǎng gè rénwù yàome shì xiāngyù, yàome shì xiānghù tǎolùnguò jǐ cì. Yǒu yīcì, kǒngzǐ qù zhǎo lǎozi, xúnwèn yǒuguān lǐjié de wèntí. Tā huí dàojiā hòu chénmòle sān tiān, ránhòu xiàng tā de xuéshēngmen xuānbù, lǎozi shì yītiáo lóng, zài yún zhōng fēixiáng. Zài lìng yī gè chǎnghé, lǎozi xuānchēng kǒngzǐ bèi tā de jiāo'ào hé yěxīn xiànzhì zhùle. Jù lǎozi shuō, kǒngzǐ bù míngbái shēng yǔ sǐ shì píngděng de.

Rújiā hé dàojiā dōu chéngwéi zhōngguó wénhuà hé zōngjiào de zhīzhù, jǐnguǎn fāngshì bùtóng. Rújiā sīxiǎng, bāokuò tā de lǐjié, yíshì, diǎnlǐ hé guīdìng de děngjí zhìdù, chéngwéi zhōngguó shèhuì de lúnkuò huò shítǐ jiànshè. Xiāng bǐ zhī xià, dàojiào qiángdiào zìrán hé cúnzài zhōng de língxìng, héxié hé èr yuán xìng, tèbié shì zài dìguó shí dài, tā zhújiàn bāohánle gèng duō de zōngjiào nèiróng. Rújiā hé dàojiā dōu duì zhōngguó wénhuà yǐjí yàzhōu dàlù de xǔduō shèhuì bǎochízhe yǐngxiǎng.

WHAT IS TAOISM? (什么是道教？)

1	道教	Dàojiào	Taoism
2	古代	Gǔdài	Ancient; archaic; ancient times; antiquity
3	民间	Mínjiān	Among the people; popular; folk
4	信仰	Xìnyǎng	Faith; belief
5	哲学家	Zhéxué jiā	Philosopher
6	书籍	Shūjí	Books; works; literature
7	保持平衡	Bǎochí pínghéng	Balance; keep balance
8	道家	Dàojiā	Taoist school; Taoists
9	精神上	Jīngshén shàng	Mentally
10	不朽	Bùxiǔ	Immortal; eternity
11	谚语	Yànyǔ	Proverb; saying; adage; saw
12	传统上	Chuántǒng shàng	Traditionally
13	几乎没有	Jīhū méiyǒu	Barely; few; few or no; little or no
14	言论	Yánlùn	Opinion on public affairs; views on politics
15	出于	Chū yú	Start from; proceed from; stem from; out of
16	政治原因	Zhèngzhì yuányīn	Political reasons
17	赋予	Fùyǔ	Give; endow; entrust
18	起源	Qǐyuán	Origin; beginning; derivation; rise in
19	被理解	Bèi lǐjiě	Get across; sink in; come across
20	传奇	Chuánqí	Short stories of the Tang and Song dynasties

Chinese (中文)

道教（又称道教）是中国古代的一种宗教和哲学，影响了民间和国家信仰。道教与哲学家老子有关，老子在公元前 500 年左右写了道教的主要书籍《道德经》。道教认为，人类和动物应该与 "道"（或宇宙）保持平衡。道家相信精神上的不朽，身体的精神在死后加入宇宙。《道德经》，或称 "道与力"，是公元前三、四世纪左右的诗歌和谚语集，指导道教的思想和行动。虽然传统上认为作者是哲学家老子，但几乎没有证据表明老子曾经存在。相反，《道德经》是许多作者早期言论的集合。出于文化和政治原因，这本书被赋予了哲学家老子的起源。老子有时被理解为 "道 "的形象，或一个神，并被赋予传奇性的地位。

道（或道教）很难定义，但有时被理解为宇宙之道。道教认为，所有生物都应该生活在与宇宙以及宇宙中的能量和谐相处的状态下。气，是存在于宇宙中并指导宇宙万物的能量。道德经》和其他道教书籍为与这种能量和谐相处的行为和精神方式提供指导。然而，道教徒并不相信这种能量是一种神。相反，作为道教信仰的一部分，有一些神灵，通常是从现在称为中国的地区发现的各种文化中引入的。这些神是道的一部分，就像所有的生物一样。道教有庙宇、寺院和祭司，他们为其社区提供祭品、冥想和举行其他仪式。

Pinyin (拼音)

Dàojiào (yòu chēng dàojiào) shì zhōngguó gǔdài de yī zhǒng zōngjiào hé zhéxué, yǐngxiǎngle mínjiān hé guójiā xìnyǎng. Dàojiào yǔ zhéxué jiā lǎozi yǒuguān, lǎozi zài gōngyuán qián 500 nián zuǒyòu xiěle dàojiào de zhǔyào shūjí "dàodé jīng". Dàojiào rènwéi, rénlèi hé dòngwù yīnggāi yǔ"dào"(huò yǔzhòu) bǎochí pínghéng. Dàojiā xiāngxìn jīngshén shàng de bùxiǔ, shēntǐ de jīngshén zài sǐ hòu jiārù yǔzhòu."Dàodé jīng", huò chēng"dào yǔ lì", shì gōngyuán qián sān, sì shìjì zuǒyòu de shīgē hé yànyǔ jí, zhǐdǎo dàojiào de sīxiǎng hé xíngdòng. Suīrán chuántǒng shàng rènwéi zuòzhě shì zhéxué jiā lǎozi, dàn jīhū méiyǒu zhèngjù biǎomíng lǎozi céngjīng cúnzài. Xiāngfǎn,"dàodé jīng" shì xǔduō zuòzhě zǎoqí yánlùn de jíhé. Chū yú wénhuà hé zhèngzhì yuányīn, zhè běn shū bèi fùyǔle zhéxué jiā lǎozi de qǐyuán. Lǎozi yǒushí bèi lǐjiě wèi"dào"de xíngxiàng, huò yīgè shén, bìng bèi fùyǔ chuánqí xìng dì dìwèi.

Dào (huò dàojiào) hěn nán dìngyì, dàn yǒushí bèi lǐjiě wèi yǔzhòu zhī dào. Dàojiào rènwéi, suǒyǒu shēngwù dōu yīnggāi shēnghuó zài yǔ yǔzhòu yǐjí yǔzhòu zhōng de néngliàng héxié xiāngchǔ de zhuàngtài xià. Qì, shì cúnzài yú yǔzhòu zhōng bìng zhǐdǎo yǔzhòu wànwù de néngliàng. Dàodé jīng" hé qítā dào jiāo shūjí wèi yǔ zhè zhǒng néngliàng héxié xiāngchǔ de xíngwéi hé jīngshén fāngshì tígōng zhǐdǎo. Rán'ér, dàojiàotú bìng bù xiāngxìn zhè zhǒng néngliàng shì yī zhǒng shén. Xiāngfǎn, zuòwéi dàojiào xìnyǎng de yībùfèn, yǒu yīxiē shénlíng, tōngcháng shì cóng xiànzài chēng wéi zhōngguó dì dìqū fāxiàn de gè zhǒng wénhuà zhōng yǐnrù de. Zhèxiē shén shì dào de yībùfèn, jiù xiàng suǒyǒu de shēngwù yīyàng. Dàojiào yǒu miàoyǔ, sìyuàn hé jìsī, tāmen wéi qí shèqū tígōng jì pǐn, míngxiǎng hé jǔxíng qítā yíshì.

TAOISM AND ITS DOCTRINES (关于道教及其教义)

1	道教	Dàojiào	Taoism
2	阴阳	Yīnyáng	Yin and yang; the two opposing principles in nature (feminine/negative, the and masculine/positive)
3	相匹配	Xiāng pǐpèi	Phase match
4	光明	Guāngmíng	Light; bright; promising; openhearted
5	黑暗	Hēi'àn	Dark; dim; midnight; reactionary
6	热和	Rè huo	Warm; nice and warm; warm and friendly
7	共同作用	Gòngtóng zuòyòng	Combined action
8	宇宙	Yǔzhòu	Universe; cosmos
9	没有什么	Méiyǒu shéme	Nothing the matter; nothing wrong
10	有意义	Yǒu yìyì	Have meaning/significance; make sense
11	公元	Gōngyuán	The Christian era
12	唐朝	Táng cháo	Tang Dynasty
13	闻名	Wénmíng	Well-known; famous; renowned
14	佛教	Fójiào	Buddhism
15	儒教	Rújiào	Confucianism
16	另一种	Lìng yī zhǒng	Another kind; alternative; yet another
17	并存	Bìngcún	Exist side by side; the simultaneous existence of
18	共产党	Gòngchǎndǎng	The Communist Party

19	接管	Jiēguǎn	Take over the control; take over; adapter
20	宗教	Zōngjiào	Religion
21	被禁止	Bèi jìnzhǐ	Forbidden; banned; barred
22	下降	Xiàjiàng	Descend; go or come down; drop; fall
23	台湾	Táiwān	Taiwan
24	最近	Zuìjìn	Recently; lately; of late; nearest
25	教徒	Jiàotú	Believer of a religion
26	数量	Shùliàng	Quantity; quantum; amount; magnitude
27	根基	Gēnjī	Foundation; basis; radical
28	追溯到	Zhuīsù dào	Trace back to
29	学派	Xuépài	School of thought; school
30	宇宙观	Yǔzhòu guān	Worldview; world outlook
31	中国文化	Zhōngguó wénhuà	Chinese Culture; Culture China; China culture
32	易经	Yì jīng	The Book of Changes
33	自然界	Zìránjiè	Natural world; nature; outdoors
34	保持一致	Bǎochí yīzhì	Keep pace with; stay the same; keep up with
35	法家	Fǎ jiā	Legalists
36	可能是	Kěnéng shì	May be; Might be; probable
37	无为	Wúwéi	Letting things take their own course
38	在过去	Zài guòqù	In the past; in the old days; was
39	道士	Dàoshi	Taoist priest
40	拼音	Pīnyīn	Phonetic transcription; combine sounds into syllables
41	归属于	Guīshǔ yú	Belong to; come under the jurisdiction of
42	神职人员	Shénzhí	Clergy

		rényuán	
43	而不是	Ér bùshì	But not; instead of; rather than; other than
44	他们的	Tāmen de	Their; theirs
45	注意到	Zhùyì dào	Have noticed; have paid attention; be adverse to; give heed to
46	白话	Báihuà	The written form of modern Chinese; vernacular
47	误认为	Wù rènwéi	Mistake for; erroneously identified as s mistake
48	炼丹术	Liàndān shù	Alchemy
49	尤其是	Yóuqí shì	In particular; the more so; to crown all
50	占星术	Zhānxīng shù	Astrology
51	禅宗	Chánzōng	The Chan sect
52	功夫	Gōngfū	Workmanship; skill; art; ability
53	中医	Zhōngyī	Traditional Chinese medical science
54	风水	Fēngshuǐ	The location of a house or tomb, supposed to have an influence on the fortune of a family; geomantic omen
55	气功	Qìgōng	Qigong, a system of deep breathing exercises;
56	历史上	Lìshǐ shàng	Historically; in history
57	交织	Jiāozhī	Interweave; intertwine; mingle; anastomosis
58	在一起	Zài yīqǐ	Be together; hold together
59	中华人民共和国	Zhōnghuá rénmín gònghéguó	The People's Republic of China
60	正式承认	Zhèngshì	Be duly admitted; due admittance

		chéngrèn	
61	教义	Jiàoyì	Religious doctrine; creed
62	特别行政区	Tèbié xíng zhèng qū	Special administrative region; special administrative zone
63	香港	Xiānggǎng	Hong Kong
64	澳门	Àomén	Macao
65	东亚	Dōngyà	East Asia
66	特别是	Tèbié shì	Particular; special
67	马来西亚	Mǎláixīyà	Malaysia
68	新加坡	Xīnjiāpō	Singapore
69	越南	Yuènán	Vietnam
70	信徒	Xìntú	Believer; disciple
71		Dàojiào	

Chinese (中文)

道教的主要思想之一是相信平衡的力量，或阴阳。这些思想代表了相匹配的一对，如光明和黑暗，热和冷，行动和不行动，它们共同作用于一个普遍的整体。阴阳表明，宇宙中的一切都相互联系，没有什么东西是自己有意义的。

道教在公元八世纪作为唐朝的宗教而闻名。在随后的几个世纪里，它与佛教和儒教（另一种哲学宗教）并存。然而，在 1959 年共产党接管期间，道教、儒教和其他宗教被禁止。这导致道教在中国的实践下降。许多现代的道教徒生活在台湾，尽管最近中国的改革增加了中国道教徒的数量。

道教的根基至少可以追溯到公元前 4 世纪。早期的道教从阴阳学派（自然主义者）那里吸取了其宇宙观，并深受中国文化最古老的文本之一《易经》的影响，《易经》阐述了关于如何使人类行为与自然界的交替循环保持一致的哲学体系。法家沈不海（约公元前 400 年-约公元前 337 年）也可能是一个重要的影响者，他阐述了无为的现实政治，即合格的无为。

在过去的几个世纪里，道教对中国文化产生了深远的影响，道士（拼音 dàoshi，"道的主人"），这个称号传统上只归属于神职人员，而不是他们的普通信徒，通常会注意到他们的仪式传统与中国民间宗教和非道教白话仪式的做法之间的区别，这些仪式经常被误认为与道教有关。中国的炼丹术（尤其是内丹）、中国的占星术、禅宗、包括功夫在内的几种武术、传统中医、风水和许多种气功在历史上都与道教交织在一起。

目前，道教是中华人民共和国正式承认的五大宗教教义之一，包括在其特别行政区香港和澳门。它也是台湾的一个主要宗教，在整个东亚和东南亚的其他一些社会，特别是在马来西亚、新加坡和越南有大量的信徒。

Pinyin (拼音)

Dàojiào de zhǔyào sīxiǎng zhī yī shì xiāngxìn pínghéng de lìliàng, huò yīnyáng. Zhèxiē sīxiǎng dàibiǎole xiāng pǐpèi de yī duì, rú guāngmíng hé hēi'àn, rè huo lěng, xíngdòng hé bù xíngdòng, tāmen gòngtóng zuòyòng yú yīgè pǔbiàn de zhěngtǐ. Yīnyáng biǎomíng, yǔzhòu zhōng de yīqiè dōu xiānghù liánxì, méiyǒu shé me dōngxī shì zìjǐ yǒu yìyì de.

Dàojiào zài gōngyuán bā shìjì zuòwéi táng cháo de zōngjiào ér wénmíng. Zài suíhòu de jǐ gè shìjì lǐ, tā yǔ fójiào hé rújiào (lìng yī zhǒng zhéxué zōngjiào) bìngcún. Rán'ér, zài 1959 nián gòngchǎndǎng jiēguǎn qíjiān, dàojiào, rújiào hé qítā zōngjiào bèi jìnzhǐ. Zhè dǎozhì dàojiào zài zhōngguó de shíjiàn xiàjiàng. Xǔduō xiàndài de dàojiàotú shēnghuó zài táiwān, jǐnguǎn zuìjìn zhōngguó de gǎigé zēngjiāle zhōngguó dàojiàotú de shùliàng.

Dàojiào de gēnjī zhìshǎo kěyǐ zhuīsù dào gōngyuán qián 4 shìjì. Zǎoqí de dàojiào cóng yīnyáng xuépài (zìrán zhǔyì zhě) nàlǐ xīqǔle qí yǔzhòuguān, bìng shēn shòu zhōngguó wénhuà zuì gǔlǎo de wénběn zhī yī "yì jīng" de yǐngxiǎng, "yì jīng" chǎnshùle guānyú rúhé shǐ rénlèi xíngwéi yǔ zìránjiè de jiāotì xúnhuán bǎochí yīzhì de zhéxué tǐxì. Fǎ jiā chén bù hǎi (yuē gōngyuán qián 400 nián-yuē gōngyuán qián 337 nián) yě kěnéng shì yīgè zhòngyào de yǐngxiǎng zhě, tā chǎn shù liǎo wúwéi de xiànshí zhèngzhì, jí hégé de wúwéi.

Zài guòqù de jǐ gè shìjì lǐ, dàojiào duì zhōngguó wénhuà chǎnshēngle shēnyuǎn de yǐngxiǎng, dàoshi (pīnyīn dàoshi,"dào de zhǔrén"), zhège chēnghào chuántǒng shàng zhǐ guīshǔ yú shénzhí rényuán, ér bùshì tāmen de pǔtōng xìntú, tōngcháng huì zhùyì dào tāmen de yíshì chuántǒng yǔ zhōngguó mínjiān zōngjiào hé fēi dàojiào báihuà yíshì de zuòfǎ zhī jiān de qūbié, zhèxiē yíshì jīngcháng bèi wù rènwéi yǔ dàojiào yǒuguān. Zhōngguó de liàndān shù (yóuqí shì nèi dān), zhōngguó de zhānxīng shù, chánzōng, bāokuò gōngfū zài nèi de jǐ zhǒng wǔshù, chuántǒng zhōngyī, fēngshuǐ hé xǔduō zhǒng qìgōng zài lìshǐ shàng dū yǔ dào jiào jiāozhī zài yīqǐ.

Mùqián, dào jiào shì zhōnghuá rénmín gònghéguó zhèngshì chéngrèn de wǔdà zōngjiào jiàoyì zhī yī, bāokuò zài qí tèbié xíngzhèngqū xiānggǎng hé àomén. Tā yěshì táiwān de yīgè zhǔyào zōngjiào, zài zhěnggè dōngyà hé dōngnányà de qítā yīxiē shèhuì, tèbié shì zài mǎláixīyà, xīnjiāpō hé yuènán yǒu dàliàng de xìntú.

TAOISM AND CONFUCIANISM (道家与儒家)

1	儒家思想	Rújiā sīxiǎng	Confucianism
2	归功于	Guīgōng yú	Give the credit to; attribute the success to; owe to
3	庄子	Zhuāngzi	Respectful name for Zhuang Zhou; village; hamlet
4	一系列	Yī xìliè	Series; tail; round; a series of
5	自然主义	Zìrán zhǔyì	Naturalism; naturalistic
6	神秘主义	Shénmì zhǔyì	Mysticism; furtiveness
7	有时	Yǒushí	Sometimes; at times; now and then
8	哲学	Zhéxué	Philosophy
9	区分	Qūfēn	Discriminate; differentiate; distinguish; make a distinction between
10	道教	Dàojiào	Taoism
11	宗教	Zōngjiào	Religion
12	更强	Gèng qiáng	Stronger; swifter
13	黄帝	Huángdì	Yellow Emperor, a legendary ruler
14	改写	Gǎixiě	Rewrite; adapt
15	两者都	Liǎng zhě dōu	Both; both...and; both of
16	简练	Jiǎnliàn	Terse; succinct; pithy
17	诗意	Shīyì	Poetry; poetic quality or flavor
18	冗长	Rǒngcháng	Tediously long; lengthy; long-winded; cumbersome
19	难以捉摸	Nányǐ zhuōmō	Be elusive/unintelligible
20	来自于	Láizì yú	Come/originate from

21	古代	Gǔdài	Ancient; archaic; ancient times; antiquity
22	争端	Zhēngduān	Dispute; conflict; controversial issue; a bone of contention
23	古典	Gǔdiǎn	Classical allusion; classical
24	道家	Dàojiā	Taoist school; Taoists
25	有一些	Yǒu yīxiē	Some; rather
26	怀疑	Huáiyí	Distrust; doubt; suspect; have a suspicion that
27	专注于	Zhuānzhù yú	Concentrate on; focus on; be absorbed in
28	墨家	Mòjiā	Mohist School (a school of thought in the Spring and Autumn and Warring States Periods, 770 BC - 221 BC)
29	激烈争论	Jīliè zhēnglùn	Heated argument
30	道德问题	Dàodé wèntí	A question of morality/ethics
31	倾向于	Qīngxiàng yú	Prefer; have a disposition to; preferable; tend to
32	他们的	Tāmen de	Their; theirs
33	无政府主义	Wú zhèngfǔ zhǔyì	Anarchism
34	自由放任	Zìyóu fàngrèn	Laissez-faire; allowing unrestrained freedom
35	思想家	Sīxiǎngjiā	Thinker
36	反思	Fǎnsī	Self-examination; introspection
37	怀疑主义	Huáiyí zhǔyì	Skepticism
38	相对主义	Xiāngduì zhǔyì	Relativism
39	自然主义	Zìrán zhǔyì	Naturalism; naturalistic

40	确实	Quèshí	True; reliable; demonstration; really
41	宣传	Xuānchuán	Conduct propaganda; propagate; disseminate; give publicity to
42	间接	Jiànjiē	Indirect; secondhand
43	争论	Zhēnglùn	Argue; dispute; debate; argument
44	诗歌	Shīgē	Poems and songs; poetry
45	寓言	Yùyán	Fable; allegory; parable
46	权威	Quánwēi	Authority; authoritativeness; a person of authority
47	胁迫	Xiépò	Stress; coerce; force
48	反对	Fǎnduì	Oppose; be opposed to; object to; be against
49	社会化	Shèhuì huà	Socialization; socialize
50	价值观	Jiàzhíguān	Opinion about value
51	自发性	Zìfā xìng	Spontaneity
52	微妙	Wéimiào	Delicate; subtle
53	公开	Gōngkāi	Open; overt; public; make public
54	灌输	Guànshū	Inculcate; imbue with; beat into somebody's head
55	对比	Duìbǐ	Contrast; comparison; balance; ratio

Chinese (中文)

道教与儒家思想并列，是中国两大宗教/哲学体系之一。传统上，道教可追溯到神话中的"老子"，哲学上的道教则更多地归功于"庄子"（公元前 4 世纪）。道教是一把伞，涵盖了一系列动机相似的学说。道教"一词也与各种自然主义或神秘主义宗教有关。有时，

"老庄哲学"一词被用来区分道教思想中的哲学和宗教性更强的"黄老"（黄帝-老子）一脉。

道德经》和《庄子》都是经过几个世纪的写作和改写的综合文本，由多位匿名作家提供不同的意见。两者都有独特的修辞风格，《道德经》简练而富有诗意，《庄子》冗长、有趣、难以捉摸，充满了幻想的对话。这两部作品都来自于对"道"的本质和相关概念的反思，这些概念是古代中国道德争端的核心。作为一个主题或群体的"道教"概念在古典道家的时代并不存在，但我们有一些理由怀疑专注于《庄子》和《老子》文本的群体是相互联系的。这些文本有一些共同的形象表达和主题，讽刺性地脱离了墨家和儒家激烈争论的一阶道德问题，而倾向于对方式的性质和发展进行反思和元伦理学的关注。他们的元伦理学含糊地倾向于不同的一阶规范理论（无政府主义、多元主义、自由放任政府。元伦理学的重点和相关的要求较低的一阶伦理学主要将"道家"与该时期的其他思想家区分开来。

元伦理学的反思先是怀疑主义，然后是相对主义，这里是自然主义，那里是神秘主义。道教本身没有"恒道"。然而，它确实有一个共同的精神。以道为中心的哲学思考在宣传方面产生了一种独特的矛盾心理--体现在他们间接的、非争论性的风格，以及他们对诗歌和寓言的使用。在中国古代，这种道家思想的政治含义主要是反对权威、政府、胁迫，甚至是反对正常的社会化价值观。道家的"自发性"与任何具体或社会的道的微妙或公开的灌输形成对比。

Pinyin (拼音)

Dàojiào yǔ rújiā sīxiǎng bìngliè, shì zhōngguó liǎng dà zōngjiào/zhéxué tǐxì zhī yī. Chuántǒng shàng, dàojiào kě zhuīsù dào shénhuà zhōng de"lǎozi", zhéxué shàng de dàojiào zé gèng duō de guīgōng yú"zhuāngzi"(gōngyuán qián 4 shìjì). Dàojiào shì yī bǎ sǎn, hángàile yī xìliè dòngjī xiāngsì de xuéshuō. Dàojiào"yī cí yě yǔ gè zhǒng zìrán zhǔyì huò shénmì zhǔyì zōngjiào yǒuguān. Yǒushí,"lǎo zhuāng zhéxué"yī cí bèi yòng lái qūfēn dàojiào sīxiǎng zhōng de zhéxué hé zōngjiào xìng gēng qiáng de"huáng lǎo"(huángdì-lǎozi) yī mài.

Dàodé jīng" hé "zhuāngzi" dōu shì jīngguò jǐ gè shìjì de xiězuò hé gǎixiě de zònghé wénběn, yóu duō wèi nìmíng zuòjiā tígōng bùtóng de yìjiàn. Liǎng zhě dōu yǒu dútè de xiūcí fēnggé,"dàodé jīng" jiǎnliàn ér fùyǒu shīyì,"zhuāngzi" rǒngcháng, yǒuqù, nányǐ zhuōmō, chōngmǎnle huànxiǎng de duìhuà. Zhè liǎng bù zuòpǐn dōu láizì yú duì"dào"de běnzhí hé xiāngguān gàiniàn de fǎnsī, zhèxiē gàiniàn shì gǔdài zhōngguó dàodé zhēngduān dì héxīn. Zuòwéi yīgè zhǔtí huò qúntǐ de"dàojiào"gàiniàn zài gǔdiǎn dàojiā de shídài bìng bù cúnzài, dàn wǒmen yǒu yīxiē lǐyóu huáiyí zhuānzhù yú "zhuāngzi" hé "lǎozi" wénběn de qúntǐ shì xiānghù liánxì de. Zhèxiē wénběn yǒu yīxiē gòngtóng de xíngxiàng biǎodá hé zhǔtí, fèngcì xìng dì tuōlíle mòjiā hé rújiā jīliè zhēnglùn de yī jiē dàodé wèntí, ér qīngxiàng yú duì fāngshì dì xìngzhí hé fāzhǎn jìnxíng fǎnsī hé yuán lúnlǐ xué de guānzhù. Tāmen de yuán lúnlǐ xué hánhú de qīngxiàng yú bùtóng de yī jiē guīfàn lǐlùn (wú zhèngfǔ zhǔyì, duōyuán zhǔyì, zìyóu fàngrèn zhèngfǔ. Yuán lúnlǐ xué de zhòngdiǎn hé xiāngguān de yāoqiú jiào dī de yī jiē lúnlǐ xué zhǔyào jiāng"dàojiā"yǔ gāi shíqí de qítā sīxiǎngjiā qūfēn kāi lái.

Yuán lúnlǐ xué de fǎnsī xiānshi huáiyí zhǔyì, ránhòu shì xiāngduì zhǔyì, zhèlǐ shì zìrán zhǔyì, nàlǐ shì shénmì zhǔyì. Dàojiào běnshēn méiyǒu"héngdào". Rán'ér, tā quèshí yǒu yīgè gòngtóng de jīngshén. Yǐ dào wéi zhōngxīn de zhéxué sīkǎo zài xuānchuán fāngmiàn chǎnshēngle yī zhǒng dútè de máodùn xīnlǐ--tǐxiàn zài tāmen jiànjiē de, fēi zhēnglùn xìng de fēnggé, yǐjí tāmen duì shīgē hé yǔyán de shǐyòng. Zài zhōngguó gǔdài, zhè zhǒng dàojiā sīxiǎng de zhèngzhì hányì zhǔyào shi fǎnduì quánwēi, zhèngfǔ, xiépò, shènzhì shì fǎnduì zhèngcháng de shèhuì huà jiàzhíguān. Dàojiā de"zìfā xìng"yǔ rènhé jùtǐ huò shèhuì de dào de wéimiào huò gōngkāi de guànshū xíngchéng duìbǐ.

DEFINING "TAOISM" ("道教"的定义)

1	道教	Dàojiào	Taoism
2	有争议	Yǒu zhēngyì	Be controversial or contested
3	漫长	Màncháng	Very long; endless
4	扮演	Bànyǎn	Play the part of; have a role; act
5	曲折	Qūzhé	Circuitous; intricate; ups and downs; tortuous
6	算作	Suàn zuò	Count for; regard as
7	歧义	Qíyì	Different meanings; various interpretations; ambiguous word or word with two or more possible meanings
8	被认为	Bèi rènwéi	Pass for; go for; be supposed to
9	大约	Dàyuē	Approximately; about
10	历史学家	Lìshǐxué jiā	Historian; historiographer
11	庄子	Zhuāngzi	Respectful name for Zhuang Zhou; village; hamlet
12	道家	Dàojiā	Taoist school; Taoists
13	史学家	Shǐ xué jiā	Historian; historiographer
14	阴阳家	Yīnyáng jiā	The Yin-Yang School; the School of Positive and Negative Forces
15	法家	Fǎ jiā	Legalists
16	名家	Míngjiā	The School of Logicians; the Logicians
17	道学	Dàoxué	A Confucian school of philosophy of the Song Dynasty; Neo
18	文本	Wénběn	Text; version
19	融入	Róngrù	Integrate into
20	经典	Jīngdiǎn	Classics; scriptures; classical

21	主题	Zhǔtí	Theme; subject; topical subject; motif
22	联系	Liánxì	Contact; touch; connection; relation
23	易经	Yì jīng	The Book of Changes
24	使产生	Shǐ chǎnshēng	Procreate
25	起初	Qǐchū	Originally; at first; in the beginning; at the outset
26	他们的	Tāmen de	Their; theirs
27	贫乏	Pínfá	Poor; meagre
28	汉朝	Hàn cháo	Han dynasty
29	可能是	Kěnéng shì	May be; Might be; probable
30	考虑到	Kǎolǜ dào	Considering; take into consideration
31	典范	Diǎnfàn	Model; example; paragon
32	留给	Liú gěi	Reserve for
33	汉族	Hànzú	The Han nationality (China's main nationality, distributed all over the country)
34	作家	Zuòjiā	Writer
35	他们自己	Tāmen zìjǐ	Themselves
36	抄袭	Chāoxí	Plagiarize; copy; lift
37	表现出	Biǎoxiàn chū	Show; represent; act out
38	产物	Chǎnwù	Outcome; result; product
39	公元	Gōngyuán	The Christian era
40	包括在内	Bāokuò zài nèi	Included; including; inclusive
41	总而言之	Zǒng'éryánzhī	To make a long story short

Chinese (中文)

道教的定义是有争议的，因为它在中国漫长的历史中扮演着复杂曲折的角色，它的发展也是如此。甚至连这个词的创造都对什么算作 "道教 "产生了歧义。在他们被认为生活了三到七个世纪之后，汉代（大约公元前 100 年）的历史学家将老子和庄子确定为道家。史学家们推测了六种古典思想流派--儒家、墨家、阴阳家、法家、道家和名家。他们创造了 "道家 "或 "德家 "一词，并将老子和庄子视为道学的典范。其他文本也因融入了这两部经典的主题而被联系起来，包括《列子》、《抱朴子》和《惠南子》。在它与王弼对《老子》的解释相联系后，《易经》被认为是道教的经典。

秦国使产生中国哲学复杂的古典时期的机构突然结束。起初，他们的意识形态，即 "法家 "和黄老思想，主导着贫乏的知识生活。当汉朝开始试图重建中国的古典历史时，其历史学家创造了 "道家 "一词，可能是考虑到了黄老的内容。然而，他们通过指出老子和庄子作为典范，隐含地固定了其所指。因此，哲学道教的一个有效定义可以是 "老子和庄子所讲的"，将细节留给解释。其他早期的汉族作家使用他们自己的解释，从原始文本中抄袭和复制，但在黄老的影响下，很少表现出进一步的哲学思考。这种 "恢复 "的产物也被认为是道教文本，包括《惠南子》（公元前 140 年左右）和《列子》（公元三世纪）以及《易经》。当然，如果我们把这些文本包括在内，执行的定义就会改变。

总而言之，道教值得一学。

Pinyin (拼音)

Dàojiào de dìngyì shì yǒu zhēngyì de, yīnwèi tā zài zhōngguó màncháng de lìshǐ zhōng bànyǎnzhe fùzá qūzhé de juésè, tā de fǎ zhǎn yěshì rúcǐ.

Shènzhì lián zhège cí de chuàngzào dōu duì shénme suàn zuò"dàojiào"chǎnshēngle qíyì. Zài tāmen bèi rènwéi shēnghuóle sān dào qī gè shìjì zhīhòu, hàndài (dàyuē gōngyuán qián 100 nián) de lìshǐxué jiā jiāng lǎozi hé zhuāngzi quèdìng wèi dàojiā. Shǐ xué jiāmen tuīcèle liù zhǒng gǔdiǎn sīxiǎng liúpài--rújiā, mòjiā, yīnyáng jiā, fǎ jiā, dàojiā hé míngjiā. Tāmen chuàngzàole"dàojiā"huò"dé jiā"yī cí, bìng jiāng lǎozi hé zhuāngzi shì wéi dàoxué de diǎnfàn. Qítā wénběn yě yīn róngrùle zhè liǎng bù jīngdiǎn de zhǔtí ér bèi liánxì qǐlái, bāokuò "lièzǐ","bào pǔ zi" hé "huì nán zi". Zài tā yǔ wángbì duì "lǎozi" de jiěshì xiāng liánxì hòu,"yì jīng" bèi rènwéi shì dàojiào de jīngdiǎn.

Qín guó shǐ chǎnshēng zhōngguó zhéxué fùzá de gǔdiǎn shíqí de jīgòu túrán jiéshù. Qǐchū, tāmen de yìshí xíngtài, jí"fǎ jiā"hé huáng lǎo sīxiǎng, zhǔdǎozhe pínfá de zhīshì shēnghuó. Dāng hàn cháo kāishǐ shìtú chóngjiàn zhōngguó de gǔdiǎn lìshǐ shí, qí lìshǐ xué jiā chuàngzàole"dàojiā"yī cí, kěnéng shì kǎolǜ dàole huáng lǎo de nèiróng. Rán'ér, tāmen tōngguò zhǐchū lǎozi hé zhuāng zǐ zuòwéi diǎnfàn, yǐn hán de gùdìngle qí suǒ zhǐ. Yīncǐ, zhéxué dàojiào de yīgè yǒuxiào dìngyì kěyǐ shì"lǎozi hé zhuāngzi suǒ jiǎng de", jiāng xìjié liú gěi jiěshì. Qítā zǎoqí de hànzú zuòjiā shǐyòng tāmen zìjǐ de jiěshì, cóng yuánshǐ wénběn zhōng chāoxí hé fùzhì, dàn zài huáng lǎo de yǐngxiǎng xià, hěn shǎo biǎoxiàn chū jìnyībù de zhéxué sīkǎo. Zhè zhǒng"huīfù"de chǎnwù yě bèi rènwéi shì dàojiào wénběn, bāokuò "huì nán zi"(gōngyuán qián 140 nián zuǒyòu) hé "lièzǐ"(gōngyuán sān shìjì) yǐjí "yì jīng". Dāngrán, rúguǒ wǒmen bǎ zhèxiē wénběn bāokuò zài nèi, zhíxíng de dìngyì jiù huì gǎibiàn.

Zǒng'éryánzhī, dàojiào zhídé yī xué.